Faszination
Licht im Garten

*Die Finsternis ist die größte Feindschaft des Lichtes
und ist doch die Ursache, dass das Licht offenbar wurde.*

Wolfgang Seifert

Faszination Licht im Garten

Lifestyle
by BUSSE
SEEWALD

Die Deutsche Bibliothek – CIP-Einheitsaufnahme

Seifert, Wolfgang: Faszination Licht im Garten /
Wolfgang Seifert. –
Herford : Busse Seewald, 2001
(Lifestyle by Busse Seewald)

ISBN 3-512-03236-2

© Verlag Busse + Seewald GmbH, Herford 2001
Alle Rechte vorbehalten
Umschlagfotos:
Vorderseite Jerry Harpur
Rückseite SLV Light-Acts
Gesamtherstellung: Busse-Druck GmbH, Herford
Printed in Germany

ISBN 3-512-03236-2

Für
Julia, Katharina und Johannes

Vorwort

Faszination Licht im Garten,
ein Thema, das viele Möglichkeiten zulässt,
den Gartenraum mit Licht zu erweitern
und zu gestalten.

Dem werten Leser des Buches
wünscht der Autor viel Spaß und Erfolg
beim Umsetzen der Lichtideen.

Wolfgang Seifert

Lichtplaner
Mitglied in der Deutschen
Lichttechnischen Gesellschaft

Ingolstadt, im August 2001

Inhalt

VON DER LICHTMYSTIK ZUR LICHTÄSTHETIK

Aus der Lichtmetaphysik, die von einer Lichtmystik begleitet wird, blüht eine Lichtästhetik heraus. Das Licht zeigt an der Form mehr seinen statischen, in der Farbe mehr seinen dynamischen Aspekt. Die künstliche Beleuchtung war zuerst ein Faktum nächtlicher Zauberkulte, Mysterien, Feiern und Feste. Licht, das im Schatten währt, die Formen zugleich enthüllen und vergeistigen kann, tritt in eine höhere Stufe ein, die eine Unzerstörbarkeit der Linienführung erzeugt. Die Dinge wirken durch Licht – stoffloser und mächtiger zugleich.
Die Verwandlung des universalen Lichtes in eine »besondere Beleuchtung« erreicht man nur durch die Art und Weise der Lichtlenkung und der Lichtrichtung!

Ein Sonnentag

Die Sonne scheint auf die Gartenlandschaft. Licht und Schatten, hell und dunkel werden zum Spiel, das sich durch Lichteinfall und Tageszeit immer wieder verändert. Licht verändert also den Gartenraum. Sonneneinstrahlung im Zusammenspiel mit dem »Schattenraum« eines Baumes prägt die Tagesatmosphäre eines Gartens. Wenn man bedenkt, dass im Winterhalbjahr der größte Teil der Freizeit am Abend – also bei Dämmerung oder Dunkelheit – verbracht wird, zeigt sich, wie wichtig »Licht im Garten« ist. Wenn man sich zu Beginn mit dem Thema beschäftigt, wird sich jeder Gartenbesitzer oder Gartenplaner fragen: Was ist gutes Licht und was ist schlechtes, falsches Licht? Schlechtes Licht ist meist zu wenig Licht. Es wird erst dann dem Betrachter bewusst, wenn das Licht nicht hell genug ist, um etwas zu sehen. Schlechtes oder falsches Licht kann aber auch zu viel Licht, zu grelles Licht sein. Der Blick in eine helle, nicht abgeschattete Lichtquelle blendet, der überstrahlte, grell beleuchtete Gartenraum schafft Unbehagen.

Richtiges Licht heißt, überall dort im Gartenraum Licht zu haben, wo man es braucht. Helles, genügend Licht, um zu sehen, zu lesen und gleichzeitig gedämpftes Licht, wohl eingesetzt, um die nächtliche Gartenlandschaft zu erleben.

Die interessante Aufgabe, einen Garten stimmungsvoll zu beleuchten, mit künstlichem Licht zu inszenieren, besteht darin, dass bestimmte Partien besonders hervorgehoben werden, andere in gedämpftes Licht getaucht und wieder andere im völligen Schatten. Die Industrie bietet heute eine Vielzahl von Leuchten und Beleuchtungsgeräten an, die es erlauben, eine entsprechende Gartenbeleuchtung zu realisieren. Gärten sind wichtig und bilden in der heutigen Zeit einen, an Bedeutung zunehmenden, Gestaltungsraum.

Untergehende Sonne…

Untergehende Sonne, aufgehende Leuchtkugeln inmitten einer Gartenwiese, die Faszination Licht im Garten beginnt! Diese leuchtenden »Monde« tauchen die abendliche Gartenwelt in ein anderes Bild als am lichten Tage und geben romantischen Gedanken Platz. Faszination Licht im Garten, für alle Gartenbesitzer und Gestalterprofis, die die Möglichkeiten des Mediums Licht als Gestaltungsmittel erkannt haben.

Die leuchtenden Beispiele und Anregungen in diesem Buch helfen Ihnen, Ihren Gartenraum erlebbarer zu machen und Ihren Garten individuell und stimmungsvoll zu beleuchten. Das Licht ist nur Mittel, um die Gartenarchitektur in eine Lichtszenerie zu tauchen.

Licht wird, richtig eingesetzt, die vierte Dimension eines Gartens schaffen und anders als am lichten Tage, optische Reize sowie Ansichten in Ihren Garten bringen, die vorher unentdeckt blieben.

Der Garten, eine Oase der Ruhe, als Insel im Lebensstrom und durch Licht in eine Traumwelt getaucht , die fasziniert.

Dieses Buch gibt viele Anregungen, wie Licht in eine Gartenanlage integriert werden kann.

Meines Lebens schönster Traum, hängt an diesem Apfelbaum

– so Wilhelm Busch –

Der schönste Traum – immer öfter ist er bei uns mit unserem Garten und unserem Haus verbunden. Nur selten ging er für uns bereits vollständig in Erfüllung. Oft träumen wir noch von einem stilvolleren, größeren und für uns behaglicherem Gartenambiente.

Doch was wäre das Leben ohne Träume? Und es ist die Aufgabe dieses Buches, den Wunsch nach einem besonderen Flair zu wecken und Anregungen zu bieten, aus dem die nächtlichen Gartenträume sind.

In einer Welt, die von immer schnelleren Entwicklungen und Veränderungen geprägt wird, sehnen wir uns nach Schutz und Geborgenheit. Wir suchen sie in unseren Wohnungen und Gärten.

Den meisten Gartenbesitzern und Gartengestaltern ist die mögliche Verwendung des künstlichen Lichtes gar nicht bewusst. Dabei eröffnet das künstliche Licht ungeahnte, zusätzliche nächtliche Gestaltungshilfen.

Feuer

Auch Feuer, als urnatürliches Licht, ist eine lebendige Lichtquelle im Garten und Wärmespender gleichzeitig. Die Verwendung von Kerzenlicht wird auf einer der nachfolgenden Seiten beschrieben.
Feuer als Ausdruck der Freude ist uralt. Man könnte das archaische Freudenfeuer als das Saturnalien-Fest des Herdfeuers bezeichnen, die Aufhebung der Schranken des Alltags. Illuminationen traten die Nachfolge des Freudenfeuers an. Das künstliche Licht hat seinen Ursprung im Feuer.

MIT LICHT GESTALTEN

Licht am Eingang, Licht am Entré gibt
schon beim Nachhausekommen eine
Vorstimmung auf abendliche
Entspannung und trägt wesentlich zur
»Licht«-Gestaltung des Gartens bei.

Der Charme längst vergangener Zeiten
lebt bei der Verwendung von »Laternen«
bereits im Eingangsbereich des
Grundstückes auf.
Elegant unterstützen sie das Parkbild.
Der uralte Traum des Menschen,
künstliches Licht in ausreichender Menge
und unter guten Bedingungen zu
besitzen, ging erst vor nicht so langer Zeit
in Erfüllung.
Die Straßenlaterne, die die ganze Nacht
hindurch das ganze Jahr über
gleichmäßig leuchtet, ist eine noch keine
hundert Jahre alte Errungenschaft der
Technik.
Heute wird die Existenz und der Einsatz
des künstlichen Lichtes in vielen
Bereichen kaum noch bemerkt!

Die wegbegleitenden Leuchten mit niedriger Lichtpunkthöhe wirken wie Lichtfackeln aus früherer Zeit und weisen den Weg.
Licht am Eingang kann auch Teil der Gartenbeleuchtung sein.
– Herzlich willkommen zu Hause. –
Die ortsfesten Leuchten sind mit Energiesparlampen ausgestattet und können somit auch Bestandteil der Sicherheitsbeleuchtung sein.
Auch kleine Leuchten mit niedriger Lichtpunkthöhe fügen sich tagsüber unauffälliger in die Gartenanlage ein.

Licht am Haus, Licht im Garten. Diese Kombination zeigt eine eindrucksvolle Symbiose. Hierbei dient die gesamte Hausfassade als großflächiger Reflektor und gibt sein mildes Licht an die Gartenseite ab. Die Einbaustrahler sind im Dachüberstand eingelassen. Es entsteht eine attraktive Lichtwandmalerei.

Lichtgestaltung par excellance.
Das Licht der Bodeneinbaustrahler beleuchtet die Fassadenwand.
Der Eingangsbereich wird mit Licht betont und ist sogleich Bestandteil
der Gartenbeleuchtung geworden. Dabei entsteht Licht-Architektur
mit niveauvollem Anspruch. Künstliches Licht bedeutet Verzauberung,
Inszenierung, Selektion, Dramatik, Überraschung.

Den Eingangsbereich in Szene setzen,
kann man auch mit Leuchten am Haus,
die das Licht vornehmlich an die Fassade
lenken.
Reflektionslicht von den Wänden sorgt
auch hier für genügend Resthelligkeit und
bieten einen optisch reizvollen Anblick
des Hauses.

Leuchtende Kugeln vor dem Haus bilden Lichtobjekte und stellen einen Teil der möglichen Vielfalt der Eingangsbeleuchtung dar. So geraten die ganzen solaren Formen – Gestalten, Motive und Symbole zur ambivalenten Bedeutung.

Bei der Beleuchtung von Eingängen ist darauf zu achten, dass das Licht zwischen Besucher und Hausbewohner ist. Nur so ist eine helle, möglichst schattenfreie Beleuchtung realisierbar.

Soll das Licht nicht direkt von Leuchten, sondern von Gebäudeteilen bzw. Wänden kommen, so kann man auch Wände beleuchten, die dann als Reflektionsschild, sprich leuchtende Fläche, genügend Licht wieder reflektieren. Erzeugt wird dieses Licht aus dem Boden von einem so genannten Bodeneinbaustrahler, der sein Licht an die davor liegende Wand lenkt.

Gerade mit Bodeneinbaustrahlern lassen sich viele reizvolle Lichtstimmungen, auch an Eingängen, schaffen. Die Bodenstrahler eignen sich als Lichtbringer hervorragend, wenn die Lichtquelle verdeckt bleiben soll und während des Tages nicht störend, in Form einer dekorativen Leuchte, an der Wand hängen soll. Oft ergeben sich solche Situationen, wenn man auf eine klassische Leuchte neben der Eingangstüre in Augenhöhe aus gestalterischen Gründen verzichten möchte.

Die dem eigentlichen Garten hier vorliegende Hoffläche wird geschickt durch Bodeneinbauleuchten akzentuiert. Das Reflektionslicht von der Hauswand schafft Lichträume. Keine störenden Wandleuchten, keine blendenden Scheinwerfer sind hier notwendig, um ein attraktives Licht zu realisieren.

Ein beleuchteter Eingangsbereich weist Fremden den richtigen Weg, Hausbewohner müssen nicht rätseln, wer vor der Türe steht. Der Eingangsbereich als leuchtende Visitenkarte. Die Bodeneinbaustrahler betonen den Eingang und schaffen durch die Lichtrichtung von unten nach oben ungewöhnliche Eindrücke. Die obligatorische Wandleuchte entfällt bei dieser Lösung.

Die hier ins Steinmosaik eingelassenen Licht-punkte sind Glasfaser-kabel. Diese Lichtleiter mit sehr kleinem Durchmesser leuchten an ihrem Ende und sind plan in den

Steinboden eingelassen und wurden bereits bei der Verlegung des Bodens mit eingebracht. Die Einspeisung mit Licht erfolgt vom Inneren des Gebäudes heraus. Durch die lichtleitende Glasfaser wird das Licht nach außengeleitet. Das lästige Lampenwechseln bei jeder Leuchte entfällt, da sich nur im Inneren es Gebäudes eine einzige Lichtquelle (Projektor) befindet, die die gesamten Glasfaserkabeln im Mosaikboden mit Licht versorgt.

wetterbeständig und mit
einem Pkw überfahrbar.
Neben der Abgrenzung von
Flächen, Pflanzenbeeten
oder in Einfahrtsbereichen,
lassen sich mit den
Leuchtsteinen Lichteffekte
erzielen. Hiermit lassen sich

Leuchtende Pflastersteine setzen
jeden Garten und jede Einfahrt ins
rechte Licht. Die Pflastersteinleuchte
ist ein neuartiges Lichtsystem, das
viele gestalterische Ansprüche
zulässt. Die rechteckig ausgebildeten
leuchtenden »Pflastersteine« sind

auch Wege im Gartenbereich
beleuchten, ohne dabei eine sichtbar
stehende dekorative Leuchte
installieren zu müssen. Als »Leitlicht«
eingesetzt, übernehmen diese
Leuchten eine nächtliche Führungs-
rolle und weisen zuverlässig den Weg.

»Leuchtender Fußabstreifer« könnte die im Holzboden eingelassene Leuchte genannt werden. Die begehbare Glaseinbauleuchte gibt kühles, sachliches Licht ab. Diese leuchtenden Lichtbausteine sind auch in die Gartenlandschaft integrierbar.

… vor dem Tore, stylistische Fackeln
unserer heutigen Zeit.

Die Beleuchtung von Wegen, Treppen und Stufen stellt oftmals eine
Herausforderung dar. Neben den gestalterischen Problemen mit der
Beleuchtungsart und auch der Anbringung der Leuchten im Gartengelände,
dürfen Leuchten in keinem Fall blenden, sondern sollen beleuchten.
Licht kann Räume gliedern und strukturieren – Licht kann leiten und lenken.

Sicherheit ist bei der Beleuchtung von Wegen das oberste Gebot. Gleichmäßige und blendfreie Beleuchtung, ausreichend Helligkeit, eindeutige Wegeführung und Berücksichtigung der unterschiedlich reflektierenden Bodenbeläge bei der Bestückung der Leuchten. Bei längeren schmalen Wegstrecken empfehlen sich vereinzelte Pollerleuchten mit einer Höhe von circa einen Meter und mehrere Gartenleuchten. Aufgrund ihrer geringen Bauhöhe sorgen Pollerleuchten auf breiter Fläche für ausreichendes Licht. Deshalb können sie auch in größeren Abständen zueinander aufgestellt werden. Nicht jeder Weg muss prachtvoll beleuchtet sein. Bei Dunkelheit selten genutzte Wege im Garten benötigen normalerweise keine eigene Beleuchtung. Hier reicht das Reflektionslicht der allgemeinen Gartenbeleuchtung aus.

Wege sollten nur dann zusätzlich
beleuchtet werden, wenn genügend
Abstand zur nächstbeleuchteten Fläche
besteht, um auch hier Kontraste nicht zu
überschneiden, sondern Kontraste bilden
zu können.

Wegbegleitendes Licht durch
Bodeneinbaustrahler und gleichzeitige
Inszenierung einer Wand.

Durch Licht wird der Garten nicht nur
optisch aufgelockert, sondern erhält
auch ein neues Gesicht, in dem sich die
gewünschte Stimmung von Besinnung
und Harmonie oder Entspannung
entfalten kann.
Lichtbringer mit Kerzen bestückt, laden
zum Flanieren ein.

Bunte Konturen und vor allem Farbe bringen diese leuchtenden Kugeln in den Garten. Für die Wegebeleuchtung eignen sich die Halbkugeln, die einfach auf den Boden gelegt und über einen Schukostecker angeschlossen werden. Hierbei sind viele Farben möglich, die bereits an den Wegen und Treppen farbliche Sinnbilder zeichnen und sonderbare Akzente setzen.

Wegbegleitendes Licht mit sehr niedriger
Lichtpunkthöhe für stimmungsvolle Lichtakzente.

Eine gute Treppenbeleuchtung sollte
auch den gesamten Verlauf der Treppe erfassen.
Wobei Anfang und Ende der Treppe, sowie etwaige Podeste,
deutlich zu sehen sein sollten.

Diese Treppenanlage wurde durch seitlich in der Treppenwange eingelassene Wandeinbaustrahler beleuchtet. Das Licht wird an die gegenüberliegende Gebäudewand geworfen und wird dort reflektiert und verteilt auf die Stufen gelenkt. Durch diese Beleuchtungsidee wird das Licht zum Geländer, da es sich links wie rechts von der Treppe leuchtend zeigt. Es entsteht ein starker Rhythmus aus unterschiedlichen Formen und Werten der Helligkeit in unterschiedlichen Abständen.

Eine Steinmauer bietet den
Sockelleuchten aus Keramik Platz.
Der angrenzende Weg entlang der
Steinmauer erhält, ebenso wie die
Bepflanzung, genügend Licht.
Die Gestaltung von Leuchten, die heute
aus Materialien wie Edelstahl oder auch
Keramik bestehen können, erscheinen
wie körperhafte Lichtpunkte mit der ihnen
eigenen Hülle. Auch tagsüber, wenn die
Leuchten keine Funktionen haben, sind es
kleine schmucke Objekte, die sich in
einem Garten zeigen können.

Hier ein Beispiel für moderne
Gartenleuchten, wie sie von der Industrie
hergestellt werden; funktional richtig,
gutes Design, das ohne Anleihen an
Laternennostalgie auskommt. Diese aus
Edelstahl hergestellte Leuchte gibt nur
Licht in die Umgebung ab und erhellt den
im Hintergrund liegenden Quellstein auch
nachts. Hier ist jedoch nur eine
allgemeine Beleuchtung im Umkreis von
drei Metern zu erwarten, eine
Akzentuierung ist nicht möglich.

Der Zauber eines Gartens entfaltet sich
erst im unterschiedlichen Licht des Tages.
Vom ersten Sonnenstrahl bis hin zum
Abendrot findet jedes Licht seine
Resonanz. Der natürliche Gang der Sonne
taucht dabei den Garten immer wieder
in andere Farben. Um die Schönheit der
Natur auch bei Dunkelheit richtig erleben
zu können, muss das Licht in die Gärten
getragen werden.
Weich und stimmungsvoll ist das Licht der
Lichtstreifen am Boden. So wie auch das
Sonnenlicht am Tage den Laubengang
streifenweise durchdringen kann, so
simulieren diese unauffällig integrierten
Bodeneinbaustrahler ebenfalls
Lichtstreifen am belaubten Boden.

STIMMUNGSVOLLE INSZENIERUNGEN

Ein noch so liebevoll oder gar aufwendig gestalteter Garten wird in den späten Abendstunden zum »schwarzen Loch«. Durch eine Gartenbeleuchtung wird auch der Wohnraum optisch erweitert.
Der Garten lässt sich neu entdecken, da er jetzt neue unerkannte Seiten zeigt.

Einzelbäume und größere Sträucher sind diejenigen Elemente im Garten, die sich zur nächtlichen Anstrahlung am meisten eignen. Gerade bei der Beleuchtung von Bäumen und Sträuchern ist es möglich, Effekte zu erzielen, die bei hellem Tageslich erst gar nicht möglich sind.

Für die Anstrahlung von Bäumen und Sträuchern eignen sich Erdspieß- oder Erdeinbaustrahler. Ausschlaggebend für die Entscheidung wird sein, wie viel Geldaufwand und Arbeit investiert wird. Erdspießstrahler sind billig, einfach in der Montage und lassen sich leicht versetzen. Wenn stärkere Leistungen gefragt sind, gibt es die Möglichkeit, Hochdruck- entladungslampen zu verwenden. Hier kommt in erster Linie der Einsatz von Erdeinbauscheinwerfern in Frage, so genannte Bodeneinbaustrahler, die natürlich weit weniger in Erscheinung treten und unauffällig im Boden versenkt sind, als Erdspießstrahler, bzw. Strahler, die oberhalb der Gartenboden- oberfläche montiert werden.

Bei der Verwendung von Erdeinbauscheinwerfern ist der richtige Standort zum beleuchtenden Objekt von großer Bedeutung. Am sinnvollsten ist es deshalb, vor dem Ausheben des Einbauloches durch Probebeleuchtung herauszufinden, welche Lichtwirkung am vorteilhaftesten ist. Am wirkungsvollsten ist die Anstrahlung dann, wenn möglichst viel Licht vom Baum reflektiert wird.

Die Wirkung eines Bodeneinbaustrahlers
ist örtlich klar definiert.
Das Licht zeigt hier ganz bestimmte
Ausschnitte. Hier das Laubwerk eines
Baumes.

Licht aus dem Boden durch Bodeneinbaustrahler ermöglicht Beleuchtungseffekte, ohne dass die Leuchte direkt im Blickfeld des Betrachters ist.
Die Funktion, das heißt das Licht, das der Bodeneinbaustrahler abgibt, lässt sich am Design nicht ausmachen. Das Einschalten der Leuchte und das dann hell nach oben strahlende Lichtbündel zeigt zwar die Wirkungsweise, allerdings ist diese durch den umgebenden Gartenraum bedingt.
Bodeneinbaustrahler werden in vorhandene oder in passende Öffnungen im Bodenbereich eingelassen. Die Lichtrichtung des Einbaustrahlers ist dabei stets von unten nach oben.
Je nach Fabrikat und Einsatzort kommen verschiedene Einbauarten zur Anwendung.

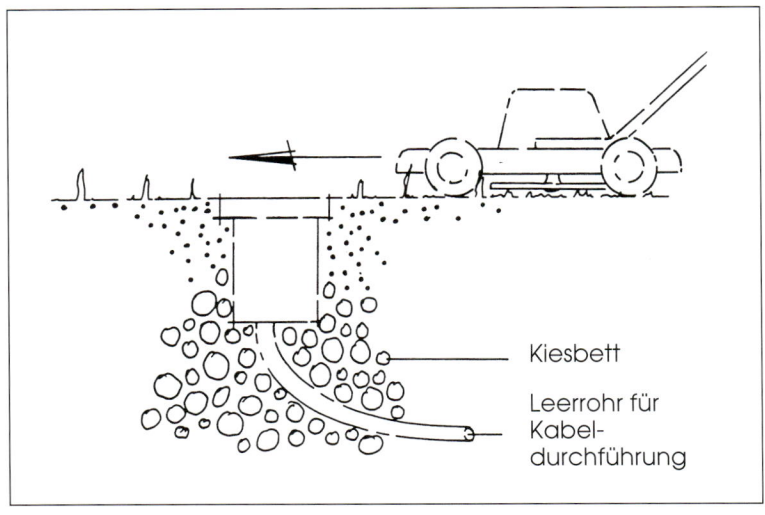

Kiesbett

Leerrohr für Kabeldurchführung

Baumkronen werden zu riesigen Laternen verwandelt.
Die Beleuchtung von Bäumen lässt das Blattwerk intensiv leuchten.

Der von hinten beleuchtete mächtige Stamm des Baumes wird durch einen Bodeneinbaustrahler mit hoher Lichtleistung illuminiert. Das üppige Blätterdach des Solitärs verteilt das reflektierende Licht fein wie ein »Nieselregen« im näheren Umkreis des Baumes.

Durch die bestehende Verfremdung eines uns im Tageslicht völlig vertrauten Baumes, sieht man auf einmal, wie dieser Baum gebaut ist. So wie eine Buche in ihrem Laub ganz anders vor dem hellen Himmel wirkt, als im Winter, wenn sich nur Stamm und Äste fast wie eine Fläche darbieten, wirkt der Baum im künstlichen Licht völlig neu. Wenn man die Krone von innen anstrahlt, erkennt man das riesige Volumen der Krone und ihren wunderbaren organischen Aufbau.

Beim Anstrahlen von Büschen und kleinen Gehölzen kommt es wesentlich auf die Entfernung des Strahlers an. Bei einer Beleuchtung aus größerer Entfernung kommt ein Busch in seinen gesamten Ausmaßen gut zur Wirkung. Nahe an einem Gebüsch platzierte Leuchten, die direkt in die Pflanze strahlen, heben die Strukturen besonders eindrucksvoll hervor. Die Strukturen des Busches und Äste treten hervor.

Wichtig ist es, die Strahler, ob Erdeinbauscheinwerfer oder Erdspießstrahler, so auszurichten, dass sie den Betrachter nicht blenden. Hier besonders effektvolles und ausreichendes helles Licht für das Anstrahlen eines ganzen Baumes von unten. Die Unterflur- oder Erdeinbauscheinwerfer sind mit Hochdruckentladungslampen mit hoher Lichtleistung bestückt.

Die Farben von blühenden Pflanzen kommen nachts durch den Kontrast zur dunklen Außenwelt besonders gut zur Geltung. Für die Beleuchtung von Blumenbeeten, die sich jahreszeitlich sehr stark verändern, eignen sich am besten ortsveränderliche Strahler. In Blumenbeeten wirkt das künstliche Licht am effektvollsten, wenn das Licht auf die farbige Blüte gerichtet ist.

Anstrahlung durch versetzbare Lichtquellen.
Nur die untere Pflanzenzone und die
Bodendecker werden durch das Licht aus ihrer
Umgebung hervorgehoben.

Die Gesamtheit des Raumes erfassen, einzelne Punkte hervorheben, Tiefe erzeugen und Faszination vermitteln. Diese vielfältige Aufgaben erfüllt gutes Licht im Garten. Die Dimension eines Gartens kann man durch punktuelle Beleuchtung der Raumgrenzen hervorheben, dass die Bäume und Büsche, die sich im hinteren Gartenteil befinden, hervorgehoben werden. So schafft man Tiefe. Durch geschickte Betonung von Vordergrund und Hintergrund kann man zugleich kleinere Gärten größer erscheinen lassen.

Licht, das die Gartenlandschaft von oben erleuchtet, irritiert, überstrahlt alles. Richtiges Licht im Garten bringt Verzauberung, Inszenierung, Selektion, Dynamik, Überraschung. Das eingesetzte Streiflicht, das jeweils von links und von rechts hinter der Steinmauer die beiden Bäume anstrahlt, ist nur ein Teil der wunderbaren Inszenierung dieser Anlage. Der in der Mitte platzierte mannshohe elektrifizierte Leuchter bringt die plastische Wirkung – das dreidimensionale Erlebnis dem Betrachter auch bei Nacht zu bewahren.

Licht verleiht
dem Garten
eine besondere
Atmosphäre.
Besonders
reizvoll wirken
zum Beispiel
große Bäume,
die von unten
angestrahlt
werden.
Ihr sattes Grün
hebt sich dann
intensiv von
der nächtlich
grauen
Umgebung ab.

Das Licht zeigt an der Form mehr seinen statischen, in der Farbe jedoch mehr seinen dynamischen, Aspekt. Farbgegebenheit ist Lichtgegebenheit, zu der allerdings notwendigerweise ein »Finsternismoment« oder Dunkelabschnitt kommen muss. Der mächtige Baum erhält seitliches Streiflicht von einem Scheinwerfer. Die Mächtigkeit des Baumes wird seitlich beleuchtet durch einen Scheinwerfer mit hoher Leistung und trägt bei zum stimmungsvollen Gartenbild und vermittelt magische Anziehungskraft und mediterrane Atmosphäre.

Auch hier wieder reizvoller Gegensatz zwischen Warmtonlicht im Hintergrund, kaltem Licht für den Baum im Vordergrund. – Das Grün der Blätter wird von einem bestimmten Leuchtmittel, das höhere Farbtemperaturen besitzt, besser reflektiert, als von einem Leuchtmittel mit niedriger Farbtemperatur. Bei dem erdfarbenen Fassadengiebel verhält sich dieser Sachverhalt genau umgekehrt.

Die altehrwürdigen Bäume kommen
besonders gut zur Geltung durch das in einem warmen Gelbton
angestrahlte Gebäude.

Der Satz Goethes ist so zu verstehen:
Die Farben seien Taten und Leiden des Lichtes.
So kann die Farbe von der Lichtquelle kommen oder das Objekt selbst hat
eine Farbe, die durch eine Lichtquelle noch zusätzlich unterstützt wird.

Der Garten, ein Ort der
Ruhe und der
Entspannung. Für den
Garten gibt es heute
eine Vielfalt an Möbeln,
die den Garten zum
Wohnraum machen. In
diesen Musestunden
sollte es auch möglich
sein, genügend Helligkeit
zu haben, um ein Buch
lesen zu können und sein
Gegenüber noch ausreichend
erkennen zu können.

Die Hängematte erhält das Licht von
oben, reflektiert aus dem Blätterdach
des großen Baumes. Das Blätterdach
bekommt sein Licht von einem
Bodeneinbaustrahler, der sein Licht
von unten nach oben in das
Blätterdach bringt.

Der Bodeneinbaustrahler muss in
diesem Fall der Anwendung
genügend entblendet sein, um auch
den in der unmittelbaren Nähe des
Strahlers stehenden Betrachter nicht
zu blenden.

Die an einem Wasserbecken stehende Figur wird durch sich in dem Holzboden bzw. im Wasserbecken befindliche Leuchtmittel stimmungsvoll in Szene gesetzt.

Das Beleuchten von Skulpturen und Plastiken (Figürlichem) erfordert sehr viel Fingerspitzengefühl, denn erst

das richtige Zusammenspiel von Licht und Schatten schafft räumliche Tiefe und Plastizität.

Lichtformen
Lichtmotive
Lichtgestalten
Lichtsymbole

Leuchten als Objekte im
Garten, die der Phantasie
und den Assoziationen
freien Lauf lassen.

Licht für Sitzplätze

Seit jeher ist es ein Traum der Menschheit, im Einklang mit der Natur zu leben.

In unserer heutigen Gesellschaft ist es ein Bemühen, im privaten Umfeld, Geborgenheit und Ruhe in der Natur zu finden.

Den Garten zu beleuchten, bedeutet auch, in den abendlichen Stunden dem entschwindenden Tageslicht eine ergänzende neue Welt der »Faszination – Licht im Garten« abzuringen.

Die Terrasse ist oftmals Ausgangspunkt für die Überlegung, eine Gartenbeleuchtung zu realisieren. Die Terrasse ist die Bühne im Garten in einer geselligen Grill- oder Partyrunde oder dient einfach nur zur Entspannung, von hier aus kann man als Erholung suchender Betrachter die Blicke in die Gartenlandschaft schweifen lassen.

Licht auf der Terrasse sollte vor allem variabel sein und sich auf die verschiedensten Anforderungen einstellen können. Helles Licht zum Arbeiten, zum Lesen, eine angenehme Beleuchtung zum gemütlichen Zusammensitzen und geringe Lichtmengen, um Garten- und Umgebungsbeleuchtung nicht

zu überstrahlen. Diese Flexibilität kann durch dimmbare Lichtquellen erreicht werden. Zum anderen durch den Einsatz von mehreren, getrennt schaltbaren, Leuchten. Beginnend von Windlichtern oder Fackeln bis hin zur Kerze, all dies kann zu einer ansprechenden Lichtatmosphäre beitragen. Bei überdachten Flächen wird das Licht am besten von oben nach unten blendfrei strahlend eingesetzt.

Der Sonnenschirm schützt die heitere Gesellschaft vor der Abendkühle.
Tagsüber werden die Sonnenstrahlen reflektiert,
nachts wird das Licht der vier einzeln verstellbaren Halogenleuchten
von der Unterseite des Sonnenschirms reflektiert.
Blendfreies weiches Licht für schöne Stunden.

Der stimmungsvoll beleuchtete Pavillon ist erweiterter Bestandteil des Wohnraumes, von dem aus die stimmungsvollen Lichtinszenierungen des übrigen Gartens zu betrachten sind.

Kerzenlicht schafft auch im Garten eine festliche Stimmung.
Soweit windgeschützte Ecken im Garten vorhanden sind, lassen sich
zauberhafte Lichtstimmungen schaffen.

Hängende leuchtende »Flaschen«
geben ihr farbig buntes Licht ab. Ein
leuchtender Lichttropfen – vom
Himmel fallend – gerade
abgefangen, diese »Lavatropfen«
bilden die moderne Lichtkette pur.

Eine stimmungsvolle Beleuchtung lässt sich auch mit Kerzenlicht und Fackeln realisieren.

Damit eine inszenierte Gartenbeleuchtung richtig zur Wirkung kommt, sollten Sitzplätze von denen aus der beleuchtete Garten betrachtet wird, im Halbdunkeln liegen.

Hierfür ist Kerzenlicht oftmals völlig ausreichend.

Bei weitläufigen Anlagen werden die Gebäudefassaden in die Lichtinszenierungen mit einbezogen. Bodeneinbaustrahler sind, wie hier abgebildet, unauffällig in eine Gesamtanlage zu integrieren und stören das Gesamtbild nicht.

LICHT-INSPIRATIONEN
Licht und Wasser

Keine andere Einrichtung im Garten übt auf das Auge eine größere Anziehungskraft aus als »beleuchtetes« Wasser. Ob sprudelnder Quellstein oder kleiner Wasserlauf, Wasser ist im Garten eine enorme Bereicherung. Auch ein Gartenteich wirkt durch Licht erst wirklich schön. Bricht sich das Licht in den Wellen eines Sprudelsteines, entstehen dabei reizvolle Reflexe, die den dunklen Teich beleben. Aber nicht nur die Randzonen des Teiches lassen sich effektvoll beleuchten, sondern auch der Teich selbst. Für diesen Einsatz unter Wasser gibt es Spezialleuchten, druckwasserdichte Unterwasserscheinwerfer. Die Wirkung einer Unterwasserbeleuchtung ist umso eindrucksvoller je »dunkler« das Umfeld ist.

Bei der Beleuchtung von Brunnen ist
darauf zu achten, dass es in der
Umgebung keine störenden Lichtquellen
gibt, die die Einheit von Wasser und Licht
beeinträchtigen. Hier ist auf eine
umliegende Dunkelzone zu achten.
Der Quellstein wird nachts nicht nur zum
hörbaren, sondern auch zum optischen
Erlebnis.

Ein Seerosenteich, dessen vielfältiges
Leben durch einen Scheinwerfer erst
erkennbar wird. Ein kleiner Bachlauf,
kunstvoll geführtes Wasser im Garten.
Welch Freude kann es bereiten,
wenn sein Lauf nachts wie eine
»lebendige Glitzerkette« zwischen den
Bachkieseln auftaucht.

Viel Wasser im Garten lässt sich auch in den abendlichen Stunden nicht nur zum hörbaren, sondern auch zum optischen Erlebnis werden.

Pflanzen, Steine und bewegtes Wasser treiben in diesem Teil des Gartens durch Licht ein abwechslungsreiches Spiel und werden zur Lichtattraktion. Leuchtende Objekte können in Kombination mit der Vegetation interessante Blickfänge setzen und zugleich Mittelpunkt einer gesamten Szenerie werden.

Bei dieser Brunnenanlage befinden sich nicht nur Unterwasserscheinwerfer unter der Lotrechten des einfallenden Wassers, sondern auch im Inneren der Wasserröhren. Diese Brunnenbeleuchtung wirkt wie »ausgegossenes Licht«. – Licht im Kunstobjekt.

Die Wasserkünste des
17. und 18. Jahrhunderts
sind, wie auch die
Spiegelkünste der
gleichen Zeit,
immer auch Lichtspiele.
Der Einsatz von
verschiedenen Strahlern
lässt den Garten zum
Bühnenbild werden.
So lässt sich ein
Spannungsbogen von
Wahrnehmen und
Verbergen – von Weit-
und Nahsicht –
herstellen.

Lichtkunst

Die Nachbildung einer natürlichen Situation: Fließendes und stehendes Wasser, Kiesel, Moos, Büsche und flach wachsende Pflanzen, dazwischen moderne Lichtkunst mit Glasfaser.

Die Lichtleitertechnik erlaubt die kunstvolle Anwendung eines flexiblen durchgehend homogen leuchtenden Lichtschlauches in einem Bachlauf.

Wasser übt eine große Anziehungskraft auf den Menschen aus, geheimnisvolle und unergründliche Ausstrahlung wird durch Licht geradezu befeuert. Wasser hat auch eine hohe symbolische Bedeutung als reinigendes und Leben spendendes Element.

Die farbig gelbe Leuchtkugel auf dem Teichsteg symbolisiert den Anfang, das monolitische Blau auf der anderen Seite des Teiches das Ende. Der Gartenraum wirkt durch den Einsatz von »farbigem Licht« spiritueller.

Intensives fliederfarbiges Licht trifft auf die beiden Obelisken. Es kommt durch das Licht zu einer mystischen Situation in einer unwirklichen Welt. Die Farbe des rechten Steines wird vom fliederfarbigen Licht reflektiert. Das jeweils oben heraustretende Wasser verschafft den Solitärsteinen eine schillernde Hülle.

Ruhiges unbeleuchtetes Wasser spiegelt die dahinter liegende beleuchtete Gartenszenerie effektvoll wieder. Die Wasserfläche wird zur Spiegelfläche. Die kleinste Anlage wird zur beschaulichen Idylle.

Hinweis: Aus Sicherheitsgründen gelten für die Unterwasserleuchten strenge technische Vorschriften. So garantiert die Schutzart IP 68, gekennzeichnet durch zwei nebeneinander stehende Tropfensymbole, die absolute Wasserdichte bis zur jeweils angegebenen Wassertiefe. Geprüfte Leuchten werden zertifiziert durch das VDE- oder GS-Zeichen.

Der Pool als leuchtendes Element

Durch die künstliche Beleuchtung
eines Swimmingpools kann man nicht
nur mit einem großen Gefühl der
Sicherheit auch in den
Dunkelstunden schwimmen, sondern
man erreicht auch eine
beeindruckende Aufhellung,

besonders von höheren Gehölzen in
der Nähe der Anlage. Es bildet sich
über der Wasserfläche ein Lichtzelt,
das da und dort von dem Licht
einiger Strahler durchbrochen
werden sollte, um zu höheren
Helligkeitskontrasten zu gelangen.

Die aufgestellten architektonischen Elemente sind gleichzeitig Lichtbringer. Die Unverwechselbarkeit und der gestalterische Ausdruck wird, verbunden mit dem Licht, zum wohl einmaligen Erlebnis.

Besonders raffiniert, diese Lichtlösung.
Bodeneinbaustrahler lenken durch seitlich angeordnete Umlenkspiegel
ihr Licht auf den Boden und erzeugen Streiflicht am Boden. Ein Beispiel,
wie das Umfeld von Schwimmbecken beleuchtet werden kann.

Zengärten

Zengärten haben die sicherlich außergewöhnlichste Form eines Gartens überhaupt. Im Wesentlichen besteht er aus einer Kiesfläche und dann eingebettet zueinander arrangierten Felsen. Diese Fläche ist meistens durch eine Mauer oder Hecke eingerahmt. Während der Teegarten zu den Wandelgärten gehört, stellt der Zengarten einen großen Kontrast in jeder Hinsicht dar! Einen solchen Zengarten aus der Dunkelheit herauszulösen, verlangt künstliches Licht, das sich dienend der Idee unterordnet. Das Streiflicht von seitlich angebrachten kleinen Scheinwerfern zeigt die Kraftlinien auch in den abendlichen Dunkelstunden an.

PRAKTISCHE HINWEISE

Planung – Installation – Technik

Natürlich lässt sich eine szenerische Gartenbeleuchtung bei einer Neuanlage eines Gartens viel besser in der Planung für Standorte der Leuchten und Kabelführungstrassen berücksichtigen. Grundlage einer qualifizierten Planung der Beleuchtung ist eine bereits erstellte vorliegende Gartenplanung. Ein Pflanzplan gibt Auskunft über die künftigen Standorte der Leuchten. Ebenso sollten die Wege und Stufen in einem Garten- oder Pflanzplan dargestellt werden. So kann bereits bei den Erdarbeiten die notwendige Stromversorgung ins Erdreich integriert werden. Hier ist sicherlich ein Verlegungsplan hilfreich, um die notwendigen elektrotechnischen Installationen und Anschlüsse, geplant Schritt für Schritt, realisieren zu können. Selbstverständlich müssen aufwendigere Anlagen mit der verbundenen Installation dem autorisierten Elektrohandwerk vorbehalten werden. Der Elektriker oder der Gärtner verlegt die notwendigen Kabel im Garten. Diese müssen tief genug ins Erdreich eingegraben werden, damit sie beim Umgraben nicht mit den Spaten verletzt werden können. Dies bringt natürlich gegenüber einer nachträglich installierten Gartenbeleuchtung große, insbesondere auch gestalterische, Vorteile.

Wird ein bereits bestehender, angelegter Garten ins Licht getaucht, so kann man sich mit entsprechenden Leuchtensystemen, die eine oberirdisch weiterführende Verkabelung erlauben, bedienen. Für diesen Fall können einfachere, kostengünstige, aber nicht unbedingt minder effektvolle Gartenbeleuchtungen eingesetzt werden, die mit flexiblen Leitungen und Steckern aufgebaut werden.

Eine wichtige Voraussetzung für den Betrieb von
ortsveränderlichen Gartenleuchten mit Erdspieß
und Anschlussleitung und Stecker sind im
Garten verteilte ortsfeste Anschlusssäulen, so
genannte Energiesäulen.
So lassen sich Leuchtketten bilden. Die
Energiesäulen sind somit Anschlusspunkte, von
denen sternförmig ortsveränderliche Leuchten
mit Leitung und Stecker versorgt werden
können. Sie sind die günstigste
und vom Aufwand her
einfachste Art und Weise, eine
Gartenbeleuchtung zu
realisieren. Die fest installierten
Energiesäulen gibt es in jeglicher
Ausführung und passen sich in
die jeweilige Gartenanlage
unauffällig harmonisch ein.

Schraubklemmen ermöglichen
den ortsveränderbaren Einsatz,
beispielsweise an Baumästen.
Vom Baum heraus ist es somit
auch möglich, schöne Dinge
oder Betrachtungspunkte
anzustrahlen.

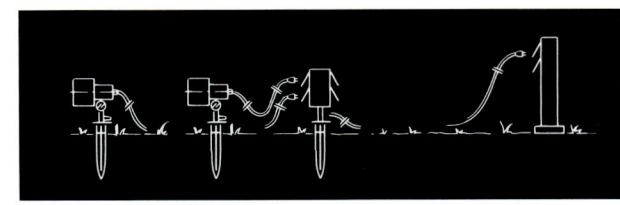

Eine gut durchdachte Lichtplanung ist die Grundlage für eine gelungene Gartenbeleuchtung. Entscheidend für den Aufwand, der betrieben werden muss, um eine entsprechende Stromversorgung aufzubauen, ist die Frage, ob die Kabel unterirdisch oder oberirdisch verlegt werden können. Dabei handelt es sich hier um keine Fixumentscheidung zwischen der einen oder der anderen Lösung, die Kabel unter- oder oberirdisch zu verlegen, sondern es kann sich auch eine technisch geschickte Lösung aus beiden Varianten ergeben. Am besten ist es wohl, so genannte Energiepunkte, das heißt

Energiesäulen, im Garten zu verteilen. Die Energiesäulen dienen als elektrischer Verteilungspunkt. An diesen so genannten Energiesäulen können Kabel für unterirdische Weiterverlegung angeschlossen werden oder Leuchten mit Stecker und Kabel oberirdisch an einer Steckdose angeschlossen werden. Sobald klar ist, wo die Leuchten bzw. die Energiesäulen platziert werden, muss die Spannungszufuhr und die Art der Schaltung festgelegt werden. Für größere Gartenanlagen ist neben dem Gartenarchitekten oder dem Gartenplaner auch ein Lichtplaner lohnenswert, um optimale Lichtanlagen realisieren zu können.

Schalten

Die einzelnen Leuchten oder Leuchtengruppen werden vom Haus innen ein- bzw. ausgeschaltet. Das Schalten kann hierbei manuell oder per Zeitschaltuhr erfolgen. Bei der Verwendung von Zeitschaltuhren müssen die jahreszeitlich unterschiedlichen Dunkelstunden berücksichtigt werden. Dämmerungsschalter schalten in Abhängigkeit von Tageshelligkeit das Licht in den beginnenden Dunkelstunden, wenn eine bestimmte Beleuchtungsstärke des Tageslichtes unterschritten wird, automatisch an. Wird die natürliche Beleuchtungsstärke im Morgengrauen überschritten, schaltet der Dämmerungsschalter die Beleuchtung wieder aus. Wenn die Beleuchtung beispielsweise bis Mitternacht brennen soll, so kann eine vorgeschaltete Schaltuhr die Beleuchtung wieder ausschalten. Moderne »Bus«-Schaltungssysteme erlauben größtmögliche Flexibilität.

Leuchten

Bei der Gestaltung von Leuchten werden heute Materialien wie Edelstahl oder gar Keramik verwendet. Die »Tageswirkung« einer Leuchte ist sehr wichtiger Bestandteil der Gartengestaltung. – Körperhafte Formen mit eigener Hülle.

Elektrische Anschlussarbeiten sollten immer dem autorisierten Elektrohandwerker vorbehalten bleiben!

Bildnachweis

Untergehende Sonne –
Faszination Licht im Garten